Im Spiegel der Worte

Ein Dialog in Gedichten

von

C.A. Wiertz
(geb. 1954)
und
Frederick Wyatt
(1911-1993)

Bibliografische Information der Deutschen Nationalbibliothek: Die Deutsche Nationalbibliothek verzeichnet diese Publikation in der Deutschen Nationalbibliografie: detaillierte bibliografische Angaben sind im Internet über dnb.dnb.de abrufbar.

ISBN:

9 783732 230969

Herstellung und Verlag: BoD - Books on Demand, Norderstedt

Die hier abgedruckten Gedichte Frederick Wyatts sind sämtlich ebenfalls enthalten in der 2012 erschienenen Gesamtausgabe seines lyrischen Werks:
C.A.Wiertz (Ed.) Fredrick Wyatt, Gedichte, BoD (ISBN 978-3-8448-9426-4)

Zwei Menschen - beide Psychologen, beide Poeten - begegnen einander. Eine Beziehung entsteht, die bis zum Tode Frederick Wyatts im Jahre 1993 dauern sollte. In den Gedichten, für den jeweils Anderen geschrieben, spiegeln sich intensive Momente von Lust, Liebe, Sehnsucht.

f.w. zum 75. geburtstag

auch künftig
quellen
dir
suchendem
dürstendem

üppige gärten
zu schaffen

...hätte Dich ganz in mich
aufnehmen sollen,
in mich Dich auflösen!
Voll von Dir und mit Begehren prall,
könnte ich nach Dir greifen,
Deine Brüste auf meinen fühlen,
tiefatmend mich in Dich ergießen...

,Weißt-Du'-Gedicht Nr. 2

Weißt Du –
dass ich so spät in meiner Zeit
jemand wie Dich gefunden habe,
die vor dem Drängen der Begierde –
der Deinen und der meinen –
nicht Angst empfindet, nur erhöhte Lust
und magische Verbundenheit –

wenn ich an all die Selbstverneinung denke,
die mir begegnet ist, das Selbst-Beschützen,
Schauern und Zögern vor dem Überfluss, dahinter
die Pfennigfuchserei der Seele –

weißt Du,
warum es mir ein rares Glück ist,
dass ich so spät Dich noch gefunden habe.

wer sonst
teilt mit mir
bittere wie
süße quellen
gibt mir
seine stärke
seine schwäche
zum geschenk

                    bei aller
                    sanftheit immer
                    wieder hunger
                    und blut
                    und schrei
                    wenn du
                    mit tausend
                    augen nach
                    dem leben
                    greifst

Als die Ratten mein Herz nahezu aufgefressen hatten, kamst Du und gabst mir ein neues - einen prallen, blutvollen Muskel, und eine Leber dazu, mit trotzigen Liedern. Und ich ging wieder singend durch die Wälder, voll von Lachen, und der Wind fuhr mir durchs Haar wie nie.

Die Ratten, meine Feinde - nun zähmte ich sie mir. Die letzten Fasern schon zernagten Fleisches, mit denen ich mich vordem mühsam am Leben gehalten hatte, teilte ich ihnen aus und gab ihnen Blut dazu aus meinem Überfluss. Sie tranken und schliefen ein in meiner Achselhöhle. So wurden sie handsam und fingen an, mich zu lieben. Gemeinsam lehrten wir sie, Boten zu sein zwischen uns. Behende, auf leisen Pfoten tragen sie nun unsere Träume von einem zum anderen, und nie geht einer verloren.

Du hast mir Lieder gegeben, Lieder voll Blut und Lachen, zu singen über den späten Feldern; und andere Lieder auch, für die Eidechsentage, wo unsere Lust Fäden spinnt von Stein zu Stein.

(veröff. 1991 in « Literatur regional », SDR Hörfunkprogramm)

magierin

ich werfe das kraut ins feuer
ich nehme die klinge vom haken
ich breite die häute zum trocknen
ich richte den dreifuß
     das bein
      die phiole

ich zerhacke den molch
ich zerreiße die taube
ich opfre das blut
ich esse die leber
     das herz
      das gehirn

ich erwarte den meister

*Als einziges der Sammlung entstand dieses Gedicht **vor** der Begegnung mit Frederick Wyatt. Es wird aber hier abgedruckt, weil das folgende Gedicht Wyatts darauf Bezug nimmt.*

Opfer und Wiedergeburt
El Brujo sinniert über ein Gedicht der Magierin

Wenn mein Gedanke Dich hält (sinniert er),
Magierin, Hexe! ist mein erster Impuls,
dass ich das Haar Dir streichle,
das kastanienfarbne.
Urschwester, Muhme, Kind,
Du wahlverschwägertes Wesen...

Dann aber, wenn ich erinnere
Deine Sprüche, Weisen und Künste,
hebt sich das Blut in mir, fördert
aus dem dämmrigen Schoss der Seele
abgrundtiefe Begierde.
Opfern möcht' ich Dich dann dem Moloch,
dem abgefeimten, uralten,
allegorisch das Herz aus dem Leib Dir
mit der Klinge aus Obsidian
schneiden. Rotes Juwel
in der kristallenen Schale
soll es vor mir stehen, ein
köstliches Simulacrum.

Wilde Taube, so
wie Du selbst es geschrieben,
in Stücke möcht ich Dich reißen,
Dich und den Molch in Dir, uralten Grottenolm,
schmatzend kauen und gänzlich verschlingen,

bis Dein purpurnes Blut
mein blass gewordenes altes
rötet, wärmt und erneut.

Dann, wenn Du völlig in mir bist
angemessene Zeit,
will ich, ein fruchtbarer Zeus,
aus meinem Haupt Dich gebären,
Pallas, die Hexe!

Im Spiegel: Stunde der Wahrheit
An die Hexe

Der letzte kleine Wundschorf löste
sich wie von selbst.
Darunter eine dünne
zierliche Spur – die Narbe,
das Mal, das Deine Serpentinen-
zunge mir aufgedrückt. Es heißt:
Zu meinem Klan gehörst Du nun!

Ich weiß. Doch weißt auch Du,
dass jener Tropfen Blut
in Dir jetzt kreist, ein großes
in sich geschlossnes rotes Molekül,
hart wie Rubin und unzerstörbar.
Wenn Du's gewähren lässt
wird es ein Schimmer wie ein leises Licht
im Kreislauf Deiner Seele,
Ahnung von etwas Ungemeinem,
das uns verbindet.

Wenn Du's verschmähst,
wird es sich Dir zum Trotz bemerkbar machen.
Ein scharfer Nadelstich,
ein ausgesetzter Herzschlag
wird Dich erinnern, Hexe,
zu welchem Klan Du jetzt gehörst!

der nackenbiss
drang tief

in den wäldern
schreit die verwundete wölfin

hinter den
wilden augen
schwärze

(veröff. 1996 in „Die Brücke")

folge mir könig
reise mit mir
eulenflügelig
dämmernden weiten
entgegen

ruhen wir dann
ineinander verschlungen
clan-gefährten
krieger wir beide

was wir erstritten
ysop machts frei von schuld
all unsre nächte
tragen die male von
tod und triumph

(veröff.1994 in „Das Gedicht")

Reisepläne

Auf der Rampe zu den steilen Sternen
sprach der Hexenmeister zu der Hexenfrau:
    Komm, wir wollen reisen,
    rollen soll das Eisen
über tiefe Gründe durch das schwarze Blau
zu den dunklen Nähen, in die lichten Fernen.

Sprach die Hexe zu dem Hexenmann:
Ja, wir wollen reisen, wollen Bilder tauschen,
Zaubersprüche singen,
schreitend uns umschlingen,
so des Andern Ahnungen erlauschen,
wenn wir ruhen, fängt die neue Reise an!

merlin
mondfingrig
spreizt mir
die schenkel
tränkt mich mit
nachtschattenmilch
kränzt meinen
schoß mit
purpurnen blüten

(veröff. 1991 in „Literatur regional", SDR Hörfunkprogramm, und 2002 in „Lyrik heute")

Zweierlei Gespräche mit einer Distel

Der Moloch sagt:
Kratzbürstig nannte ich
Dich, aber Ärgeres gebührt Dir!
Streitsüchtig aufbegehrend
forderst Du mich heraus
und drohst mit Dornen,
wie jenes Rösleinrot im Liede.
Dich will ich lehren!
Mit der Machete, *slash, slash*,
will ich die stolze Stachelblüte,
pronto, vor meine Füße legen,
damit Du Demut lernst.
Beuge Dein Haupt, sonst werd ich noch
den Paso Doble auf Dir tanzen!

El Brujo sagt:
Was fehlt Dir, Heidenblume?
Du kehrst die stacheligen Blätter
unübersehbar gegen Dich
selbst, wenn Du andere trotzig abwehrst,
als könntest Du vom Freund
den Feind nicht unterscheiden.
Hat Dich der kalte Wind verletzt?
Wenn ich Dich streichle, so
wie Deine Blütenblätter
gewachsen sind, nicht gegen,
sondern sachte mit dem Strich –
dann lägen auch die Stacheln still...
Es sieht so aus, als ob Du wohlig würdest
und Deine Farben, lila, braun und salbeigrün,
machen Dich wieder schön.

katzenrufe im garten

ich lausche
den nachtgrauen rufen
meiner brünstigen schwestern

wann gibst du meinen schreien
wieder atem

*(veröff. 1998 in „Und redete ich mit
Engelszungen")*

Nach einem Streit

Wie könnte ich mit Dir zanken,
immer Bereite, Du,
die Hand und Mund und Schoss
mit offnen Armen
mir reicht.
Mehr, die mit klarer Stimme
und ruhevollen Augen mir bedeutet:
Nimm es, mein Selbst, denn
es ist auch das Deine.

Wie könnte ich mit Dir zanken,
Erwählte...

nach westen hin
ein rauchroter himmel

im laken noch
der geruch unsrer
zärtlichkeit

ich will unsre
träume aufschütteln

bleib doch

Halb-Zeit

Wie kann man, wenn man so
ineinander verschränkt war,
voneinander gehen, einzeln
sein?
Wie, wenn man so ineinander
verwandelt war,
aus der Verzauberung gehen?

Erinnerung an ein Bild

Wie jene dunkelhaarige Madonna
von Munch, die mit geschlossenen Augen
nackt, bloß und licht da steht,
unschuldig und doch auch verführerisch,
leidensbereit, als warte auf den Schmerz sie,
warte darauf,
dass sie gefordert werde, und
gerade darum ist sie verführerisch –

so liegst Du neben mir und wartest
auf die jetzt zärtliche
und jetzt gewaltsame
Hand. Du,
mit geschlossenen Augen,
nackt, licht und bloß.

vor mir
tut sich eine
blasse landschaft auf
mit fetzen
von trübem grau
und braunen feldern
ohne wärme

aber

brich mein herz auf
und die felder
singen

*(veröff. 1991 in „Literatur regional", SDR
Hörfunkprogramm, und 2002 in „Lyrik
heute")*

Das musst Du wissen

... auch wenn ich weg bin, weit von Dir,
auf Reisen, ohne die Gelegenheit
(gewohntes, zärtliches Bedürfnis!),
mit Dir zu sprechen – dass ich doch
bei Dir bin und mit unsichtbarer Hand
die Deine halte, so wie Du
mich hältst und froh machst – das
musst Du wissen.

im zug

die frisch gepflügten felder
liegen da wie weiber
mit aufgespreizten schenkeln
warm und lockend
wartend auf den strom
von leben

ich fahre dir entgegen
mit meinem erdgeruch
atmender acker bin ich
unruhvoll
und dennoch
ohne hast

(veröff. 2002 in „Das Gedicht")

Frühling

Das ungeheure Blühen, und
das Glück, das es verschwendet,
wie Licht- und Wärmewellen
die pausenlos es ausstrahlt!
Als ob dem Leben, weil
es wieder sich belebt,
der gleiche Trick
in alle Ewigkeit
gelingen müsste.

Die grauen Wolken, die
wie Ziegeneuter
vom Himmel hängen
und schwer mit Lebensmilch
auf saugbereite Mäuler warten;
wie dieses Feld von gelbem Raps
vor mir
unzählige Blumenmäuler aufsperrt.

Die dunklen Berge noch im Dunst,
wie Frauen sehn sie aus, die,
auf geknüpften Tüchern liegend,
sich räkelnd gehen lassen und die Schenkel spreizen,
um die Begattung tiefer noch
in sich hinein zu holen.

frühling

grün birst
weiß schäumt auf
über den äckern

schmerzvolle üppigkeit

(veröff. 1997 in „Alle Dinge sind verkleidet")

Sonntagabend

Der fahle, abgedeckte Sommerhimmel
gegen den Nebeldunst der Nacht.
Die Pappelzeilen und
die Klumpen schwarzer Büsche.

Ein dunkles Pferd, allein,
grast noch auf nachtverfallner Wiese,
plötzlich silhouettiert
vom Lichte eines Wagens, der
auf unsichtbarer Straße langsam fährt.

Verfehlter dunkler Tag, da ich
so vieles Dies und Das getan,
nur nicht
zu Deinen offnen Armen sagen konnte:
Schließt Euch um mich! Und lass mich nun
die sommerwarme, sonnenweiße,
die Seide Deiner Haut genießen, weil
es Nacht wird und der Nebeldunst
den fahlen Sommerhimmel abdeckt.

die süße des holunders trügt
noch ist der sommer fern

die tage fast bewegungsloser brunst
unter dem flirren blau
betäubungsgleichen schlummers
unter mittäglich schweigenden bäumen

noch
quillt alles ungestüm

atemlos

(veröff. 1996 in „Die Brücke")

unterwegs

drei stunden noch

hinter der lichterfüllten weite
weiß ich dein gesicht

ich werde deine narben küssen

o dein triumphierender leib

Der Mandarin Lu-Sho auf Reisen

Im alten Gasthof über der Stadt
sogleich behagt das große Zimmer.
Mit neuen Stoffen dekoriert,
braun, beige und schwarz, wie
                    trockener
und reiner Sommersand.,
einladend und diskret herabgestimmt.

Das große Bett, weit aufgebreitet,
bietet sich an:
Ruhe zu zweit in mir, erfülle Dich
und lass Dich fallen!

Zimmer und Bett zum Unnutz, da
ich doch allein bin und
mir selbst zum Leide!
Was soll mir all das Angenehme,
wenn Du nicht mit mir bist,
Korallenmund. Die Regenwolken
über dem Fenster hängen tief,
und draußen schütteln sich die
                    Bäume fröstelnd.

Schlange aus Jade, silberfingrige,
Magnolienschoß,
wie soll ich ruhen und mit mir
eins sein, wenn Du mit mir
nicht ruhen kannst?

So alt zu werden

So alt zu werden, dass
einem das allermeiste nicht
mehr imponiert,
weil man das alles schon
gesehen hat, es kennt.
Nur Kinder schlagen
Patschhändchen atemlos zusammen vor
Verwunderung. Was wollt Ihr denn?
Ich hab es doch
schon viele Male gesehen:

Erstaunen kann mich nur
das Immerwiederkehrende,
das Licht, wenn Sonne auf
noch schneebedeckte Dächer fällt,
und wenn das Licht
sich langsam in die Nacht verliert.
Staunen über das Leben, wenn
dasselbe wiederkommt
und so wie sonst geschieht
und unermüdlich und von neuem
weiterlebt.

Staunend nur über das Eine,
dass Zärtlichkeit und Deine
so große Zugewandtheit
so spät noch sollte kommen
von Dir
zu mir.

in zwei drei nachmittagen
einen sommer

in einem jahreskreis
ein leben

**Hexenmeister, stolz auf was er hat, singt
vor sich hin:**

Ich habe gleich drei hübsche Eulen,
eine, die Lack kratzt,
Angebereien bloßlegt, Männerschwächen,
ein tüchtiges, hartschnäbeliges Eulchen!

Ich habe gleich drei hübsche Eulen,
eine, die weltklug ist,
mir auf den Schultern sitzt und mich berät,
ein hilfsbereites, ein gescheites Eulchen!

Ich habe gleich drei hübsche Eulen,
eine im Federkleid,
das vorn so weich und flaumig ist, wenn sie die Flügel
mir zärtlich öffnet, federwarm, ein liebes Eulchen!

könig der eulen

ein trüber tag
aber
ich spüre deine gegenwart
in meinen zitternden schwingen

eulentage
tage voller dämmerung
striga mit den
sanften schwingen

Auch Wind und Schnee
können nur
den Gedanken schneller
tragen,
der zu ihr geht.

augenblicke

wo ein klang
ein wort
mit deinem leib verschmilzt
und leicht wird
leicht wie eulenfedern
davongetragen
über späte felder

(veröff. 1996 in „Die Brücke")

„... my heart is free of care" – Li Po

... stimmt wohl nicht ganz für mich,
 doch es ist wahr, jetzt, auf dem Weg zu Dir,
fühl ich, als sei der Druck von vielen Stunden
fort, weit weg.

Die Nebel dieses Winterabends,
der Federstrich der blätterlosen Birken
sind zum Kontrast nur da.

Zum Trällern bin ich wohl zu alt.
Sollt ich vor mich hin-
summen, weil ich froh bin?
Oder Euch sagen, so wie einst Li Po
es schon getan: „Ich lächle
und schweige. Einer andern Welt
gehör ich an,
von der Ihr nicht viel wisst."

leben

einschlafen mit deiner stimme
aufwachen in deinem fleisch

'Weißt Du' Nr. 4

Wenn Du krank bist
kommt mir der Himmel noch mehr aschen vor,
als er es ohnedies schon ist
in dieser trüben Woche der Entfernung.

Wenn ich doch nur
von jenem Licht und jener Wärme
Dir etwas in den Briefumschlag
hineintun könnte –

die verschlafenen Küsse der Frühe und
die sachte Wollust Deiner probenden Hand.

ich bin das bambustier
sauge mark aus biegsamer rute

meine pfoten sind sanft
mit weicher schnauze
erkunde ich deinen körper

schöne
vertraute
wildnis

(veröff. 1996 in „Die Brücke")

Il migliore fabbro. An Gottfried Benn, angeregt durch
„Noch einmal so sein wie früher...“ (Spät, III.)
Für Cleo

Wie Du es doch so genau gewusst hast
und es so richtig sagtest, zu sagen vermochtest!
Es könnte von mir sein, nur
dass Du
es schon um so viel besser
gemacht hast.

Wie schön! Wie schön und doch
genau, wie ich es selbst erlebt:
            „hinüberlangen in jenes andere...“
Frauenkörper, Ekstase,
dahinter die Dunkelheit,
Grenzen, die
wir nur ekstatisch gepaart
zu überschreiten wagen,
Frauenschoß, Wunder und Tod.

Wie Thu Fu über Li Pos Gedichte schrieb:
„Der Prinz des Nordens liest sie, lacht
und weint darüber, glaubt,
er selber habe sie geschrieben.“

ich singe von deinen narben
den runen in der rinde
deiner trauer

ich singe von deinen tränen
dem tau auf den feldern
deines schlafes

ich singe von deinen lenden
den üppigen flusstälern
meiner liebe

ich singe von deinen träumen
den wilden vögeln
unserer nächte

(veröff. 1996 in „Die Brücke")

Hexenmeister grübelt über essentia und existentia

Wenn ich doch nur das Wort,
das eine zärtliche Wort
aussprechen könnte:
Das Magierwort, das ganz enthält,
was Deinen Zauber ausmacht –
so, wie Du liebst und bist.

Zwei weiße Tauben, zarte, rote
Schnäbel.
Als ob sie auf die Hand
gewartet hätten, die sie
streicheln wird.

du kniest über mir
und präsentierst dich
aufgerichtet
machtvoll

mein ganzes selbst
liegt offen vor dir
wie mein schoß
den du dir forderst
aufgespreizt
und überquellend
von säften

ich bin schon so satt von dir
und doch noch hungrig
nach jenem letzten schrei
der im ergießen
zum flüstern wird

jetzt

halb bewusstlos schon
fasst du mich noch
und sinkst mit mir
in einen sanften
tod

(veröff. 2002 in „Das Gedicht")

Der Schrei.
Die ungeheuere Erregung, die
den Körper
zutiefst bewegt,
so wie die Priesterin in der Ekstase
sich ihrem Gotte öffnet
und in das innerste,
dunkle und heilige Gemach
ihn einlässt.

Szene: Er

Knöpf jetzt Dein Kleid auf,
einen Knopf nach dem andern,
langsam,
bis Deine Brüste frei sind.
Dann lass es über Deine zarten
und festen Schultern fallen.

Biet Deine Brüste mir
mit Deinen Händen an.
Ich möchte sehn, wie sehr Du mich begehrst!
Ich möchte es in meinen Lenden fühlen,
wie sehr Du mich begehrst.

der schwere duft
von linden und liguster
macht meinen leib bereit

du bist nicht da

doch ich bewahre
den geruch in mir
um ihn
wenn du zurückkehrst
neu
aus worten dir zu schaffen
aus der gebärde
vor dem spiegel
jenen sommerduft

(veröff. 1993 in Lyrik heute")

diese fülle

dein hingegebnes
fleisch wird
leicht in
meinen armen

halb im
schlaf schon
schlingt sich
hand um
hand

Szene: Sie

Am Wiesenrand, dort, wo der Wald beginnt,
am eingedrückten Gras könnt Ihr's noch
                                  sehn,
wo wir an diesem Tag
im Schatten gelegen sind.

Vor uns der schlammbedeckte,
versteckte alte Weiher, mit
Seelilienfeldern und
Sommerlibellen.

Du warst in meinen Armen eingeschlafen.
Wenn ich mit leisen Fingern Deine
Lenden berühre,
wirst Du erregt erwachen?
Ich möchte sehn, wie sehr Du mich begehrst.

du bist so sanft
in mir und doch
ist deine ganze
wildheit aufgehoben
in der bewegung
die meinen leib
sich öffnen lässt
wie eine frucht

mein weicher schoß
nimmt alle düfte auf
arom von fernen gärten
zärtliche gerüche

Die Insel der Seligen

Der kleine, grüne Teich.
Du suchst nach Muschelschalen
und schöngefärbten Kieseln.

Lächelnd steigst Du ans Land.
Federnder, weißer Leib,
gieriger, liebender.

Insel im Strom, Du!
Unser Verschränkt-Sein,
Insel in der Zeit,
Insel der Seligen.

Geschenk

Die Muschel, die Du mir
geschenkt und mitgegeben hast –
pastell, kremweiß, sanft rosa und
ein Hauch von blau –
sie ruht in meiner Hand, gelassen
                           wartend.
Ist ihrer selbst gewiss,
einig mit sich, wie alles, das
in seiner Art vollkommen ist.

Als ob sie wüsste, dass
ich mich, anschauend,
in sie vertiefte,
und auf mein Anschaun wartete.
Wie offne Hände, angeboten,
wie offne Schenkel, schön gewölbt,
die Mulde rosa, krem, verschattet,
erwartungsvoll ruht sie
in meiner Hand.

ach du
versinken in dein fleisch
und tausend sommer
stürzen über uns zusammen
und milchen üppig wilde lüste
sanfte zärtlichkeiten
die bis in unsre träume
sich ergießen

schlaf
mein lieb

(veröff. 1996 in „Die Brücke/2")

Feste

Die meinen sind mit Dir,
wo Außerordentliches
von selbst und selbstverständlich
sich immer neu verwirklicht.
Grenzüberschreitungen
am Rande des Erlebbaren,
Rütteln am letzten Zaun der Lust.
Du, ich, verschlungen ineinander,
wir wissen noch,
wer in den anderen
schon eingegangen ist.

liebe

so viele
blühende tode
gabst du uns
schwarzflügeliger
schlummer
in der mulde
der nacht
ruhen wir
rabenumflogen

(veröff. 1993 in „Lyrik heute")

die eruption von rot
am abendhimmel
schreit deinen namen

was geschieht mit uns

wenn du zurück kehrst
wie viele morgendämmerungen
werden wir noch sehen

De profundis

Wenn ich aussteigen muss – nein,
ausgeschlossen werde, denn
von selbst, so wie die Dinge stehen,
wäre ich kaum zu gehen bereit –

aus gleichem Grund. Denn mehr als irgend etwas
wäre mir unbeschreiblich leid, dass ich
Dich nicht mehr in den Armen halten,
nie mehr wieder
gewaltsam mit Dir zärtlich sein,
und dann Dich wieder, voll
von Zärtlichkeit, als ob ihr heißer Auftrieb
bis zu den Fingerkuppen mich erfüllte,
von neuem in die Arme nehmen könnte.

Wie soll ich mir die terminale Stille
gefallen lassen und das Selbst,
das Dich begehrt,
dem Nichts abtreten, wenn
mit letztem trüben Funken des Bewusst-Seins ich
hinnehmen muss,
dass ich den Aufschrei Deiner Lust
nie wieder hören werde.

wenn irgendwann
dein wildes herz
stillsteht
so sei es
in einem schrei der lust
oder
in einem sanften
wärmenden zerfließen

leicht
sei dein tod

Nachher

Wenn ich einmal gegangen bin,
wer wird die Rundung der Bäume begrüßen,
die sich dem Auge anschmiegt,
doch nur dem liebenden Blick erkennbar ist?

Wer wird über die rot gewordenen Sträucher
am Bahndamm lachen,
die indiskrete Reklame des Herbstes?

Wer wird die vertraute Form der Berge
zu sich beordnen, wenn ich's nicht mehr kann?
Eine öde Welt, die dann zurückbleibt,
und seelenlos auf das Erwecken wartet.

Wer wird, wenn ich gegangen bin,
Dir Namen geben, Geschichten erfinden,
den Kindersingsang der Zärtlichkeit?
Wer, was in Dir tief verborgen liegt,
ansprechen, dass es leuchtet und lächelt?
Wer Dir die Schulter leihen, an der Du einschläfst,
wie ein Kind, das sich endlich müde gespielt hat...

ahnung

du bist so weit weg
grad heut wo wir
vom tode sprachen

vom tod des tiers
gewiss
doch dabei meinten wir
ja auch den Tod
der einmal unsere leiber
trennen wird

du sprachst vom grauen
vor dem nichts
was soll ich sagen die ich doch
nicht hoffen darf auf einen guten tod
vielmehr verdammt sein werde
in einer welt in der dein fleisch
nur noch erinnerung ist
ätzendes gift der einsamkeit
zu leben und zu tun
was du mir aufgetragen.

zu wünschen bleibt mir nur
wenn schon nicht mir
so dir den guten tod

in deiner liebsten arm zu sterben

niemand wird
wenn du gegangen bist
zärtliche namen mir geben
meine schlafwarme
sehnsucht umfangen
niemand mehr
denn die ich bin für dich
wird nicht mehr
sein

alterslos und uralt
haben wir
einander erschaffen
die häute
all unserer früheren
leben abgelegt
jeder schlaf löscht
die blüte des
gestrigen tages aus
jedes erwachen gibt uns
neugeborenen
eine neue
welt

abschied von f.w.

jenes tote gesicht
warst nicht mehr du

was da aufgebahrt lag
in vertrauter kleidung
nur noch fremdes fleisch

dein haar noch weich
silberweiße wolke des
erinnerns aber dies
schauerliche starren der
zähne im ehmals geliebten
gesicht

nie mehr
deine berührung
dein lachen

belchen

so wolkenferne
schönheit über den
hügeln unerreichbar
wie jene stunde
da deine hand noch
meine umschloss

(veröff. 2000 in „Posthorn-Lyrik")

unvergessen

um mich die flüsternden
stimmen der nacht
liege ich wartend
stumm

brich meine hirnschale auf
lösch die erinnerung
wort um wort

löse die adern vom fleisch
strang um strang

niemals
tilgst du
die spur

───────────────────